Historiarte
Entrelaços da imaginação
Livro 2
1 a 2 anos
CB002884

Dados Internacionais de Catalogação na Publicação (CIP) de acordo com ISBD

M149h Machado, Jô

Historiarte - Livro 2 / Jô Machado, Maria Cristina Pereira, Elidete Zanardini Hofius ; ilustrado por Shutterstock. - Jandira, SP : Ciranda Cultural, 2021.
32 p. : il. ; 24cm x 24cm.

ISBN: 978-65-5500-237-9

1. Educação. 2. Educação infantil. 3. Arte. 4. Literatura. 5. Literatura infantil. 6. Pedagogia. I. Pereira, Maria Cristina. II. Hofius, Elidete Zanardini. III. Shutterstock. IV. Título.

CDD 372.2
2021-833 CDU 372.4

Elaborado por Vagner Rodolfo da Silva - CRB-8/9410

Índice para catálogo sistemático:
1. Educação infantil : Livro didático 372.2
2. Educação infantil : Livro didático 372.4

Ilustrações: Shutterstock
Diagramação e projeto gráfico: Ana Dóbon
Produção: Ciranda Cultural

1ª Edição em 2021
www.cirandacultural.com.br

Historiarte

Entrelaços da imaginação

Descortinar:

o encontro da criança com o mundo encantado e seus sons

Este livro é uma continuação do *Livro 1 - 6 meses a 1 ano*, portanto, todos os encaminhamentos propostos anteriormente são recomendados aqui também, e as ideias estão baseadas no encontro entre livros e bebês, do qual você, professor, é o mediador.

Avançando sobre o conceito de mediação, trazemos aqui um recorte da obra de Salvador Dalí, intitulada *A Persistência da Memória*, em que o artista retrata relógios derretidos. Utilizamos esse quadro para refletir sobre a metáfora do tempo. Convidamos você à reflexão sobre o tempo necessário para a experiência entre bebês e livros. Desta forma, nos interrogamos sobre o tempo medido pelos relógios: será que existe uma previsão exata para a experiência de aproximação dos bebês com os livros?

Obra: *A Persistência da Memória*
Autor: Salvador Dalí, 1931
Fonte: The Museum of Modern Art, New York

Deve-se considerar que **tempo** e **espaço** são de extrema importância para a construção de uma experiência única entre crianças e livros.

O tempo escolhido para a experiência literária dentro da rotina pedagógica precisa estar previsto no planejamento do docente, formando uma combinação com o espaço. A **bebeteca**, por exemplo, é o planejamento de um espaço que os livros habitam de maneira acolhedora; porém, o tempo de permanência nesse lugar varia de acordo com o desejo dos bebês. Para além do espaço da bebeteca, o professor pode manter na rotina uma forma de apresentar um livro a cada dia para os alunos.

Uma sugestão é a **caixa surpresa**, onde o professor coloca um livro que será apresentado para a turma. A caixa fica mais interessante se existir também um barulhar, pois isso instiga a percepção dos bebês. Aos poucos, aqueles que engatinham ou andam se aproximam, compreendendo que dentro da caixa há algo especial que eles conhecerão. Quando ainda não andam, seus olhares não passam despercebidos a essa ação, e você pode planejar um espaço aconchegante para esse momento, em que chacoalha a caixa em pé, se inclina e se senta, direcionando-a ao espaço em que os bebês estão.

Se houver uma determinada constância nesse tipo de ação, os bebês perceberão essa prática já antecipando que terão a oportunidade de conhecer um livro. Em um primeiro momento, nem todos entenderão a proposta, e será necessário repetir a atividade para que eles se direcionem com o olhar, engatinhando ou andando até você. O importante é dar o **tempo** necessário para que aos poucos eles passem a reconhecer essa experiência.

Ao desvendar o livro que está dentro da caixa da atividade, é hora de o professor dar vida à proposta da atividade, pois é nisso que reside o grande potencial mobilizador do encantamento com as histórias. Uma proposta a partir dessa descoberta seria mostrar aos bebês os personagens da história com o uso de onomatopeias, revelando a cada página o som característico dos animais que são descobertos.

Contar histórias é uma ação que envolve corpo, voz e emoção; isso justifica a importância de o professor reconhecer a própria expressão vocal, cantar constantemente para os bebês e estimulá-los a participar desses momentos. Assim, ao apresentar um animal e o seu som característico, o professor pode incentivar a imitação por parte daqueles que já verbalizam os primeiros vocábulos, bem como pedir para que apontem o personagem no livro.

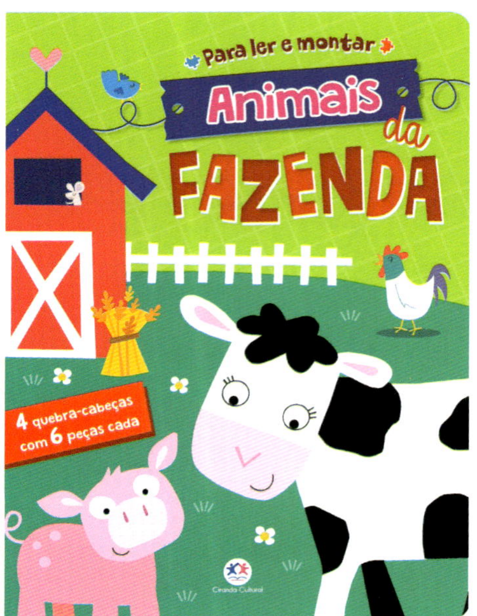

É necessário compreender que os bebês adoram ouvir sons diferentes e, aos poucos, distinguem os diferentes timbres característicos dos animais. O tema animais, aliás, permeia diversas publicações da coleção, justamente porque entendemos que os pequenos os apreciam muito

Para aguçar os sentidos dos bebês a partir do estímulo sonoro, vale investir em objetos que podem, com os personagens, surgir de acordo com o folhear dos livros. O **pau de chuva**, por exemplo, é um objeto que lembra o som da chuva e acompanha bem os sinais de início e término de uma nova aventura.

Vamos criar?

MATERIAL:

- 1 rolo de papel-alumínio ou papel toalha;
- fita-crepe;
- 1 retalho colorido;
- 3 colheres (sopa) de arroz ou feijão;
- cola.

1. Tampe com fita crepe uma das pontas do rolo.

2. Coloque o arroz dentro do rolo e feche a outra ponta com a fita crepe.

3. Decore com o retalho colorido. Passe cola e cubra o rolo de papel.

4. Pronto! Você já pode ouvir o som da chuva!

A criança se relaciona com os sons e com a música de maneira intuitiva, pois ao ouvi-los, seus tímpanos vibram e seu corpo reage imediatamente aos efeitos sonoros. Investir em um ambiente sonoro no qual os objetos promovam o barulhar é de extrema importância para o processo de aprendizagem.

As histórias podem vir acompanhadas por sons, por exemplo, como do barulho do mar em livros com personagens como baleia, peixe, cavalo-marinho, entre outros. Esses sons contextualizam a história e proporcionam uma atividade brincante e interativa com os alunos, como com a canção *Peixe Vivo*:

Como pode o peixe vivo
Viver fora da água fria
Como pode o peixe vivo
Viver fora da água fria

Como poderei viver
Como poderei viver

Sem a tua, sem a tua
Sem a tua companhia
Sem a tua, sem a tua
Sem a tua companhia

Os pastores desta aldeia
Já me fazem zombaria
Os pastores desta aldeia
Já me fazem zombaria

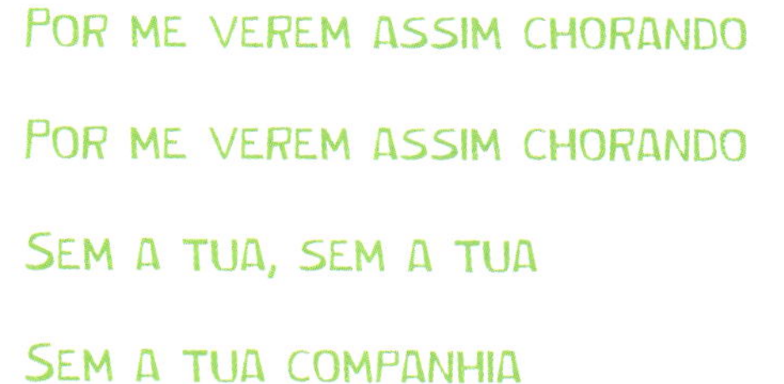
Por me verem assim chorando
Por me verem assim chorando
Sem a tua, sem a tua
Sem a tua companhia
Sem a tua, sem a tua
Sem a tua companhia

Inicialmente, os bebês reagem aos sons com reações corporais, como palmas e balanços, e aos poucos eles iniciam as primeiras vocalizações. Cabe a você, professor, estimular os bebês por meio de gestos, para que assim eles comecem a criar diferentes sons com o corpo e com a voz. Um dos primeiros sons corporais descoberto é o bater de palmas; depois eles percebem que podem produzir sons batendo as pernas, e assim vão gradativamente descobrindo os sons.

Quando começam a andar, seus pés batem no chão e fazem sons interessantes. Essas descobertas podem corresponder ao encontro com os personagens dos livros, desde que eles tenham a oportunidade de ver que você emite esses sons e associá-los. Logo, é muito interessante que você leia ou conte as histórias emitindo sons com o corpo. Você pode explorar os sons enchendo a bochecha de ar e esvaziando-a com um toque rápido das mãos, batendo as mãos no peito ou dando batidas leves na boca.

CRUNCH BZZZZ

MUNCH

A exploração sonora está presente na musicalidade da ação de falar, e cabe ao professor, que é uma das referências para o bebê na fase da aquisição da linguagem, articular bem as palavras e trabalhar com o tom existente em cada uma delas ao serem pronunciadas, especialmente durante a leitura de histórias.

A visualidade é outra característica muito importante no diálogo com os sons, pois o bebê está se desenvolvendo e aprendendo a relacionar aquilo que vê ao que ouve em sua aproximação com o livro-objeto. Há um grande encantamento dos bebês por livros que são coloridos, com ilustrações grandes e, portanto, gostosos de brincar.

Não tenha pressa ao folhear um livro para os bebês, se demore na parte em que eles demonstram apreciar mais. Repita o ato quantas vezes achar necessário, leia compassadamente e articule bem cada palavra. Pode parecer estranho à primeira vista, mas a verdade é que essas ações são muito relevantes para os bebês, pois eles estão em pleno processo de aquisição da linguagem. Desta forma, suas primeiras vocalizações são tentativas de expressar o que pensam e o que sentem.

Por vezes, neste início, os bebês fazem aproximações que somente quem está mais perto deles consegue interpretar. O importante é repetir as palavras de forma correta, não na perspectiva de corrigi-lo, mas para que ele ouça as palavras e aos poucos conquiste os vocábulos por completo. Lembre-se de que tudo isso é um processo muito importante para a aprendizagem e o desenvolvimento da criança.

Por isso, incentivamos um ambiente educativo rico em descobertas, repleto de livros, sons e palavras. No entanto, esse espaço precisa ser constantemente alimentado pelo professor, refletindo ludicamente a aposta na potencialidade de aprendizado dos bebês. É importante que os livros, assim como os brinquedos, estejam sempre ao alcance dos pequenos, pois o intuito é que haja a aproximação e a apropriação do livro. E, pensando no espaço para os livros, para além da bebeteca, na própria sala de aula pode ser organizado um "cantinho da leitura", com mobiliário que acomode os livros de forma lúdica, para que os bebês tenham vontade de manuseá-los e brincar com eles.

No ambiente educativo, há objetos bastante característicos que devem estar sempre disponíveis para os bebês explorarem. Um deles é o espelho, porque os bebês estão em plena descoberta de si e se encantam ao contemplar os gestos que fazem olhando para si mesmos.

Assim, uma proposta interessante que você pode realizar é se transformar no personagem que eles mais gostam. Por exemplo, se o leão é um animal que eles gostam de ver você imitando, pode-se propor que todos brinquem de faz de conta de leões, utilizando uma maquiagem simples no nariz. Com a pergunta "Quem quer virar o leão?", você vai à frente do espelho, pinta o seu nariz como um focinho de leão e então começa a imitar o animal, rugindo e fazendo o gesto de mostrar as garras. Aos poucos, você perceberá que os bebês ficarão muito curiosos e certamente vão pedir a você que os transformem em leões.

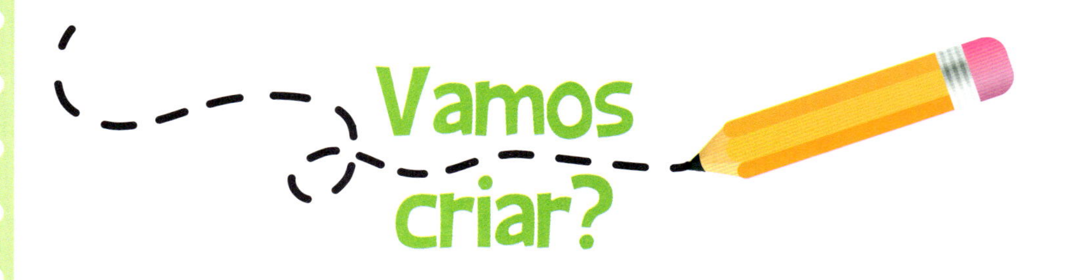

Essas ações são coletivas, mas não necessariamente precisam acontecer com todos ao mesmo tempo; talvez algum bebê não sinta o desejo de participar, e isso precisa ser respeitado.

Outra questão importante é a necessidade de refletir sobre grupos. Algumas vezes, as propostas precisam ser pensadas com pequenos grupos por vez, bem como o tempo que precisa ser direcionado para tornar uma proposta mais efetiva. Cada bebê tem seu ritmo próprio! O mais importante é compreender que a ação pedagógica precisa ser realizada a partir da premissa do **tempo** e do **espaço**.

Seguindo essa ideia, acreditamos que para as crianças de até dois anos de idade algumas histórias clássicas possam ser apresentadas respeitando a ideia de brincar com a história. Por exemplo, o clássico *Os Três Porquinhos* é uma história que elas costumam se interessar porque tem uma movimentação corporal por parte do personagem Lobo, com o gesto de assoprar que inspira a imitar. É interessante o professor criar as diferentes casinhas dos porquinhos, os personagens e brincar com essa história. Na mesma proposta, *Cachinhos Dourados e os Três Ursos* pode ser pensado para brincar a partir da ideia de que o livro colorido, grande e com ilustração aguça os olhares dos bebês. Além dessas ideias, é muito interessante brincar com os bebês utilizando fantoches dos personagens da história.

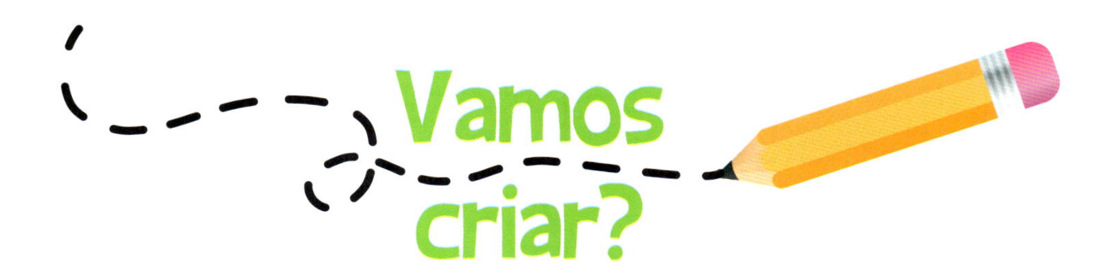

Os contos de fadas clássicos são apresentados pela primeira vez para as crianças na Educação Infantil e são histórias que elas apreciam muito, porque as temáticas lidam com autodescobertas, medo, superação, amor, alegria e se aproximam das lutas e buscas da humanidade. Na fase inicial, os primeiros contatos com os clássicos podem acontecer por meio das histórias mais curtas e dando ênfase aos personagens e suas principais características. Gradativamente, as crianças dominam as peculiaridades dos personagens e assim compreendem a sorte deles nos enredos dos contos.

Sabemos que as histórias são representações de diversas outras realidades que podemos visitar por meio da ficção, e assim experimentar aquilo que está ou não previsto na experiência vivida cotidianamente. Os personagens passam por situações parecidas com as nossas, e isso aproxima a criança de algumas experiências e também de situações ficcionais nas quais habitam sonhos e encantamentos.

Desta forma, compreendemos que é papel do professor apresentar as histórias para as crianças, em propostas cotidianas, e ao mesmo tempo, ter em mente a importância de projetos literários que garantam a acessibilidade das histórias em outros ambientes também. Você já pensou em um projeto no qual é possível estender a prática literária para a casa de cada aluno? Quem sabe uma **sacola viajante** com um personagem e um livro dentro para cada família ler e brincar com seu bebê por uma semana? Você pode até disponibilizar um caderno para que as famílias possam registrar como foi a experiência literária em casa.

Quem sabe também criar um ambiente literário na entrada da unidade educativa? Um lugar com livros que podem ser emprestados é um ótimo começo para o incentivo da leitura em casa. Com um espaço organizado e acolhedor, as famílias tendem a se interessar mais pelo projeto a ser realizado.

Nesses projetos, a ideia principal é a formação de leitores, que se inicia desde os primeiros meses de vida em que o bebê tem em suas mãos bons livros.

REFERÊNCIAS

BRITO, T. A. *Música na Educação Infantil*. São Paulo: Peirópolis, 2003

RIBEIRO, J. *Ouvidos Dourados: a arte de ouvir histórias (para contá-las)*. São Paulo: Mundo Mirim, 2008.

DALÍ, Salvador. *A Persistência da Memória*, 1931. The Museum of Modern Art, New York.